上海市工程建设规范

地铁隧道土压平衡盾构机应用技术标准

Technical standards for application of earth pressure balance shield machine in subway tunnels

DG/TJ 08—2063—2021
J 11526—2021

主编单位:上海隧道工程有限公司
批准部门:上海市住房和城乡建设管理委员会
施行日期:2021 年 12 月 1 日

同济大学出版社

2021　上海

图书在版编目(CIP)数据

地铁隧道土压平衡盾构机应用技术标准 / 上海隧道工程有限公司主编. —上海：同济大学出版社，2021.10

ISBN 978-7-5608-9907-7

Ⅰ. ①地… Ⅱ. ①上… Ⅲ. ①地铁隧道—隧道施工—盾构机—技术标准 Ⅳ. ①U455.43

中国版本图书馆 CIP 数据核字(2021)第 190538 号

地铁隧道土压平衡盾构机应用技术标准

上海隧道工程有限公司　**主编**

策划编辑　张平官

责任编辑　朱　勇

责任校对　徐春莲

封面设计　陈益平

出版发行　同济大学出版社　　www.tongjipress.com.cn

（地址：上海市四平路 1239 号　邮编：200092　电话：021－65985622）

经　　销　全国各地新华书店

印　　刷　浦江求真印务有限公司

开　　本　889mm×1194mm　1/32

印　　张　2.625

字　　数　71 000

版　　次　2021 年 10 月第 1 版　　2021 年 10 月第 1 次印刷

书　　号　ISBN 978-7-5608-9907-7

定　　价　30.00 元

上海市住房和城乡建设管理委员会文件

沪建标定〔2021〕385 号

上海市住房和城乡建设管理委员会
关于批准《地铁隧道土压平衡盾构机应用技术标准》
为上海市工程建设规范的通知

各有关单位：

由上海隧道工程有限公司主编的《地铁隧道土压平衡盾构机应用技术标准》，经我委审核，现批准为上海市工程建设规范，统一编号为 DG/TJ 08—2063—2021，自 2021 年 12 月 1 日起实施。原《地铁土压平衡盾构机技术规程》DG/TJ 08—2063—2009 同时废止。

本规范由上海市住房和城乡建设管理委员会负责管理，上海隧道工程有限公司负责解释。

特此通知。

上海市住房和城乡建设管理委员会

二〇二一年六月二十一日

前　言

根据上海市住房和城乡建设管理委员会《关于印发〈2019 年上海市工程建设规范、建筑标准设计编制计划〉的通知》（沪建标定〔2018〕753 号）的要求，本标准编制组经广泛调查研究，认真总结实践经验，参考国内外相关标准，并在广泛征求意见的基础上，修订本标准。

本标准共 8 章，主要内容包括：总则；术语；盾构机的设计原则和要求；盾构机的包装和运输；盾构机进场安装；盾构机井下调试和验收；盾构机使用、维护和保养；盾构机拆卸和退场。本标准是上海地铁盾构机设计、安装使用及验收的依据。

本次修订的主要内容有：盾构机的包装和运输，盾构机进场安装，盾构机井下调试和验收，盾构机使用，维护和保养，盾构机拆卸和退场。

各单位及相关人员在执行本标准过程中，如有意见和建议，请反馈至上海市交通委员会（地址：上海市世博村路 300 号 1 号楼；邮编：200125；E-mail：shjtbiaozhun@126.com），上海隧道工程有限公司（地址：上海市宛平南路 1099 号 420 室；邮编：200032；E-mail：winnie_tw@163.com），上海市建筑建材业市场管理总站（地址：上海市小木桥路 683 号；邮编：200032；E-mail：shgcbz@163.com），以便今后修订时参考。

主 编 单 位：上海隧道工程有限公司

主要起草人：黄　健　沈建华　顾建江　方海珍　刘智辉　石元奇　黄　圣　虞伟忠　闵　锐　屠　垒　陈柳锋　张闵庆　赵洁咏　李　浩　徐晓磊　赵　亮　章博雅

主要审查人:彭少杰　胡　珉　陶建峰　陈传林　严伟文
陈军强　冯一辉

上海市建筑建材业市场管理总站

目　次

Contents

1 总 则

1.0.1 为规范本市地铁隧道土压平衡盾构机的设计、包装和运输、进场安装、井下调试和验收、使用、维护和保养、拆卸和退场等，制定本标准。

1.0.2 本标准适用于本市软土地层地铁隧道的单圆土压平衡盾构机的设计、包装和运输、进场安装、井下调试和验收、使用、维护和保养、拆卸和退场。

1.0.3 地铁隧道土压平衡盾构机的应用除应符合本标准外，尚应符合国家、行业和本市现行有关标准的规定。

2 术 语

2.0.1 盾构机 shield machine

在钢壳体保护下完成隧道掘进、出渣、管片拼装等作业，推进式前进的全断面隧道掘进机。主要由主机及后配套系统组成。包括敞开式盾构机、土压平衡盾构机和泥水平衡盾构机等。

2.0.2 土压平衡盾构机 earth pressure balance shield machine (EPB)

以渣土为主要介质平衡隧道开挖面地层压力、通过螺旋输送机出渣的盾构机。

2.0.3 推进系统 thrust system

用来推动全断面隧道掘进机前进的系统，主要由推进液压缸、阀组、泵站和行程测量装置等组成。

2.0.4 注浆系统 grouting system

全断面隧道掘进机掘进过程中泵送浆液用于填充管片壁后开挖空隙的系统，可分为同步注浆系统和二次注浆系统等。

2.0.5 主驱动密封系统 main drive sealing system

采用油脂对全断面隧道掘进机主驱动进行密封的系统，包括泵、阀及管路等。

2.0.6 人舱 man lock

供人员进、出土仓或泥水仓的气压过渡舱。舱室可以并联、串联或分开布置。

2.0.7 最大工作扭矩 maximum working torque

刀盘在工作转速范围内，主驱动单元能够输出的可持续工作的最大扭矩。

2.0.8 集中润滑系统 centralized lubricating system

用于全断面隧道掘进机各部件集中润滑的系统。

2.0.9 控制系统 control system

用于全断面掘进机操作、监控的系统，包括数据采集系统、远程监控系统等，由各类传感器、检测元器件、电缆、控制柜、PLC 及工业计算机等组成。

2.0.10 导向系统 guidance system

实时动态测量和显示全断面隧道掘进机掘进位置和姿态的系统。

2.0.11 刮刀 scraper

切削软质岩石和土层，或刮削渣土的刀具。

2.0.12 仿形刀 copy cutter

按设定超挖轨迹进行切削的超挖刀。

2.0.13 先行刀 ripper

先于刮刀接触岩土层，犁削软质岩石和土层的刀具。

3 盾构机的设计原则和要求

3.1 一般规定

3.1.1 盾构机设计应遵循适用性原则、技术先进性原则、经济合理性原则及安全可靠性原则。

3.1.2 盾构机内部的布局应便于使用操作、物料输送、设备维护保养和紧急情况下的人员疏散。

3.1.3 盾构机内部产生高温或低温的零部件及可出入的区域范围应有警示标识，表面应保持清洁，严禁堆放杂物及易燃物品，接触表面应采取防护措施。

3.1.4 所有涉及气体、液体的部位、部件均应满足压力密封要求，防止泄漏。

3.1.5 盾构机人行通道和出入口系统均应符合国家标准《机械安全 进入机械的固定设施 第 2 部分：工作平台与通道》GB/T 17888.2—2020 中第 4.1 节及《全断面隧道掘进机 盾构机安全要求》GB/T 34650—2017 中第 5.6 节的规定。

3.1.6 盾构机的外露运动件应安装防护装置，其结构设计应按现行国家标准《机械安全 防护装置 固定式和活动式防护装置的设计与制造一般要求》GB/T 8196 执行。当操作人员的工作位置处于外露运动件的危险区域，应按现行国家标准《安全标志及其使用导则》GB 2894 设置安全警示标志。

3.1.7 有害气体检测和防护应符合国家标准《全断面隧道掘进机 盾构机安全要求》GB/T 34650—2017 中第 5.15 节的规定。

3.1.8 火灾防护应符合国家标准《全断面隧道掘进机 盾构机安

全要求》GB/T 34650—2017 中第 5.18 节的规定。

3.2 盾构机壳体

3.2.1 盾构机壳体由前盾、中盾及尾盾三部分组成，作为隧道施工过程中的临时支撑，壳体的设计必须能够承受水土压力和推进力，具有足够的强度和刚度，保证人员安全。

3.2.2 盾构机壳体结构应使用钢材性能等级不低于现行国家标准《低合金高强度结构钢》GB/T 1591 中 Q345B 的性能要求。

3.2.3 盾构机壳体焊接结构设计应符合现行国家标准《钢结构设计标准》GB 50017 及《压力容器》GB 150.1～GB 150.4 的相关要求。

3.2.4 盾构机壳体结构中直接承受隧道或开挖仓水土压力的焊缝应按现行行业标准《超声检测承压设备无损检测》JB/T 4730.3 Ⅱ级进行 100％检测。

3.2.5 盾构机壳体长度应根据盾构机的结构形式、隧道轴线曲率、衬砌环宽度、管片拼装施工形式等因素确定，还应考虑盾构机灵敏度，一般壳体长度与直径之比在 0.75～1.5 之间。

3.2.6 前盾的土舱长度选取应满足保持开挖面稳定的作业要求。

3.2.7 中盾的长度应满足设备安装空间的需要。

3.2.8 尾盾的长度应根据衬砌环在盾构机内的组装长度和盾尾密封的形状及其段数确定，同时应满足隧道的曲线施工等要求。

3.2.9 尾盾结构应满足管片拼装、轴线偏差、水土压力等施工载荷下受力变形要求，盾尾密封应能够承受由外部土体的水土压力，宜考虑最危险工况，以及盾尾同步注浆压力，同时盾尾间隙尺寸合理，便于姿态控制。

3.2.10 壳体结构的分块应满足安装、运输、吊装的最大尺寸及重量限制，盾构机壳体重心校核计算、位置（含部件）合理，便于姿态控制。

3.2.11 盾构机壳体应预留一定数量的用于注浆的径向孔。

3.2.12 土仓隔板宜配置具有常压下可更换土压传感器的装置。

3.2.13 应配置检测滚转角度装置，当盾体滚转角度超过允许的滚转角度时，控制系统应发出警示信息并采取纠正滚转措施。

3.2.14 壳体铰接连接处应设置不少于2处机械限位结构。

3.3 刀盘与刀盘驱动装置

3.3.1 刀盘设计应适合工程地质、水文条件以及工程条件，应具有足够的刚度和强度。刀盘使用钢材性能等级不低于现行国家标准《低合金高强度结构钢》GB/T 1591 中 Q345B 的性能等级，所有与刀盘支撑相关的焊缝、刀箱焊缝及刀箱与面板连接的焊缝应进行100%检测。

3.3.2 刀盘分面板式和辐条式，选用时应充分考虑盾构机形式、刀盘支承方式、最大工作扭矩、刀盘转速、刀盘开口率、刀具、装备推力以及它们的组合方式等因素。

3.3.3 刀盘的开口形状、尺寸和配置应根据地质水文条件、开挖面的稳定性和挖掘效率设计。开口率计算应符合行业标准《Φ5.5 m～Φ7 m 土压平衡盾构机（软土）》CJ/T 284—2008 中第5.1.2.4条的规定。

3.3.4 刀具的形状、材质和配置应以适应地质水文条件为原则设计。刀具配置必须根据盾构机外径、掘进速度、刀盘最高转速、掘进距离等决定。刀具应按全断面切削的原则进行布置，正反方向每条轨迹不宜少于2把。

3.3.5 刀具按安装位置和功能分为刮刀、中心刀、先行刀、仿形刀、周边刀和注水口保护刀等，刀具宜配置磨损检测装置。刀具连接螺栓设计应有防松措施。

3.3.6 刀具的高度应根据土质条件、切削距离、掘进速度、切削转速和切入深度等因素决定。

3.3.7 仿形刀的仿形切削角度和切削量可任意多区域设定并实时显示。仿形刀系统在非使用时应具有锁定功能，能有效防止自行伸出。

3.3.8 刀盘（尤其是刀盘中央部位）的设计应考虑防止堵塞、结泥饼。

3.3.9 刀盘喷嘴应具有防泥沙倒灌功能，刀盘正面喷嘴应不少于5个（独立管路应不少于5个），土仓注入口应不少于8个。

3.3.10 刀盘驱动系统主轴承设计应能承受刀盘动作带来的轴向载荷、径向载荷和倾翻力矩。其最大工作扭矩应根据地质条件、盾构机结构形式及盾构机的性能、技术参数决定，扭矩计算应符合行业标准《Φ 5.5 m～Φ 7 m 土压平衡盾构机（软土）》CJ/T 284—2008 中的第 5.1.2.5 条的规定。

3.3.11 刀盘应具有正、反转功能，刀盘转速可调，其转速应根据地质条件、施工要求确定。

3.3.12 刀盘驱动主轴承及小齿轮在正常掘进时的设计寿命应不小于10 000 h。

3.3.13 刀盘驱动装置应配置主驱动密封系统，主驱动密封系统应根据覆土深度、地下水位、添加剂注入压力、施工总长度等确定其安装位置、段数、润滑油脂量、加油脂压力等参数，应有良好的防水性能。主驱动密封应配置温度监测、磨损监测装置。

3.3.14 主驱动密封油脂系统应配备分配器、脉冲计数器和压力检测。

3.3.15 主驱动密封系统应具有耐压性、耐磨损性、耐油性、耐热性，并具备温度监测和水循环降温措施。密封面宜配置磨损监测功能。

3.3.16 主驱动密封油脂应优先选用环保材料。

3.3.17 连接盾体、主轴承、刀盘、受力环的螺栓/螺柱应明确预紧力矩要求，应具有防松措施。

3.3.18 刀盘驱动宜配置停机保护制动器，应按照现行国家标准

《机械安全　防止意外启动》GB/T 19670 的要求设置防止意外启动的装置。

3.3.19 中心回转节结构宜设置缓冲装置，连接可靠、便于准确定位及维修。

3.4 推进系统

3.4.1 推进系统设计时，应根据盾构机的实际施工工况设置推进速度和总推力，应防止在推进操作中发生液压缸的活塞杆弯曲。推力计算参见行业标准《Φ 5.5 m～Φ 7 m 土压平衡盾构机（软土）》CJ/T 284—2008 中第 5.1.5.3 条。

3.4.2 在盾构机推进液压缸的活塞杆顶端，应设置带有柔性垫片的顶块。顶块的结构应能保证推力均匀分布在管片的环面上。位于盾构机上半部分的顶块，应设置有安全链，防止顶块掉落造成人员伤害事故。

3.4.3 推进液压缸等间距或不等间距配置在盾构机壳体内侧附近，位置的确定应兼顾管片的受力强度，且不应顶在管片纵向接缝上，并应根据管片拼装的要求进行布置。

3.4.4 盾构机推进液压缸的行程宜根据管片插入方法来决定。

3.4.5 推进液压缸配置时，推进液压缸轴线应平行于盾构机轴线。

3.4.6 推进液压缸的数量和分区应根据盾构机外径、总推力、管片结构、管片分块形式等因素确定。推进液压缸应具备分区控制和纠偏功能，并配置行程传感器。

3.4.7 盾构机推进液压缸的工作速度应根据推进速度和施工效率决定。推进速度可调，应具备慢速推进功能，慢速推进速度应不大于 5 mm/min。每组液压缸均应可以单独伸出和缩回，并具有快速缩回的功能。

3.4.8 推进系统应具备报警指示功能。

3.4.9 推进系统不工作时应具备止退功能，防止盾构退缩，开挖面失稳。

3.4.10 推进/拼装状态下均应具备推力控制功能。

3.5 管片拼装机

3.5.1 管片拼装机应根据盾构机形式、管片形式、排土设备类型和布置方案、工作循环等因素选择。

3.5.2 管片拼装机应保证回转运动及直线运动动作平稳、准确可靠，操作安全方便，维护润滑便捷。

3.5.3 管片拼装机的性能应符合下列规定：

1 应具有管片的抓持、提升、平移、回转及定位功能，应具有不小于 6 个自由度的特性。

2 提升力应是最大提升总重量的 1.5 倍～2 倍。

3 平移力应是克服平移阻力的 2 倍～5 倍。

4 平移距离应根据管片的宽度、封顶块插入的形式、纠偏等因素综合考虑，平移纵向行程应满足隧道内更换盾尾刷的需要。

5 采用机械锁固的抓取装置安全系数不应小于 1.5，非机械锁固的抓取装置安全系数不应小于 2.5。

6 回转速度可有低速、高速两档，也可在 0 r/min～1.5 r/min 之间无级调整。

7 回转驱动装置应带有液压或其他形式的制动器。

8 以隧道轴线铅垂线的正下方为 0 位，旋转不小于±200°。

9 宜具备有线、无线两种控制方式，无线遥控有限控制范围应覆盖工作区域。

3.5.4 如配置真空吸盘系统，其性能应满足：在断电情况下，真空吸盘式管片拼装机应保证仍能吸持管片的时间不小于 20 min；当真空度降至 80％以下时，真空吸盘式管片拼装机应激活声光报警。

3.5.5 管片拼装机安全防护应符合下列规定：

1 当操作人员的工作位置处于外露运动件的危险区域，工作位置包括管片吊运、管片拼装等外露运动件所形成的危险区域时，应按现行国家标准《安全标志及其使用导则》GB 2894 设置安全警示标志。

2 管片拼装机回转环表面应涂安全色，安全色应符合国家标准《安全色》GB 2893—2008 中第 4.3.2 条的规定。

3 在管片拼装机旋转过程中，应设置声音和闪灯报警信号。

4 管片吊机的驱动装置应设防护罩，行走小车前后应设轨道清扫板，并设置声光报警装置。

3.6 螺旋输送机

3.6.1 螺旋输送机由螺杆、筒体、驱动装置、排土闸门、检修窗口、加水注入口及备用注入口等部件组成，应具有运送土舱中的土体、止水和调整出土量以达到土压平衡等功能。

3.6.2 螺旋输送机设计时应考虑工程地质和水文地质条件以及盾构机直径、盾构机掘进速度等条件参数，应符合行业标准《Φ 5.5 m～Φ 7 m 土压平衡盾构机（软土）》CJ/T 284—2008 中第 5.1.7.3 条的规定。其能力应能满足最快或最慢推进速度范围内的连续出土和土压精准控制的要求。

3.6.3 螺旋输送机应设置闸门紧急关闭装置，用于紧急状态时及时关闭闸门，关闭完成后蓄能器需有压力余量。出土门宜采用双闸门，闸门开启方向互为反向，并分别配置停电紧急关闭装置。

3.6.4 具有伸缩功能的螺旋输送机应配备前闸门，前闸门配备机械锁止装置。

3.6.5 螺旋输送机设计的筒体两端应安装可拆卸的观察孔；筒体及螺杆叶片要求采取耐磨措施；筒体注入口不应少于 3 个，兼可注水、注泥浆或注泡沫剂。

3.6.6 螺旋输送机的回转功能应具有双向旋转和无级调速功能。
3.6.7 螺旋输送机宜配置多个可更换土压传感器。

3.7 液压系统

3.7.1 盾构机所用的液压设备应具备耐久性高、效率高、低噪声的特性，系统设计应采取降噪减震措施。
3.7.2 液压系统油箱液位应设置高低位报警，泵吸口阀门应设置启闭报警。
3.7.3 液压系统各回路应设置安全阀，满足设备工作可靠安全的要求。发生异常停机时，执行机构应保持原有位置。
3.7.4 液压系统必须设置多级滤油装置，应能方便更换滤器，并具备液压油自循环过滤和冷却系统，油液固体颗粒污染等级不应低于现行国家标准《液压传动　油液　固体颗粒污染等级代号》GB/T 14039 的规定。应设置油温高低报警和滤芯堵塞报警系统。
3.7.5 液压系统宜选用抗磨阻燃液压油。
3.7.6 液压泵及液压马达安装底座应有足够的刚性，外露的旋转轴和联轴器应设计有防护罩。
3.7.7 蓄能器应远离热源，并设置警示标识。

3.8 电气及控制系统

3.8.1 电气设计应符合下列规定：

1 盾构机电气总体设计和技术参数应以国家有关标准为主要设计依据。

2 电气系统设计应符合施工环境潮湿、高温、多尘的实际情况，必须确保人身安全、设备安全。

3 电气系统应实用灵活，力求功能齐全，操作简单，维修方便，具有防止误操作的功能。

4 各系统间的联锁功能可在特定的情况下实现联锁解除的切换，解除联锁需要权限控制。对意外触发可能导致设备危险状况的控制装置应设置防止误操作安全防护装置(如加防护罩、操作锁定装置或二级启动确认等)。

3.8.2 电气设备应符合下列规定：

1 高压供电要求应符合下列规定：

盾构机高压电源应由地面变电所的一路独立线路供给，电源电压根据施工现场所在地区变电所供电电压的实际情况确定，宜采用 10 kV 电压供电。送电前应对高压电力设备进行试验。

2 变压器应符合下列规定：

1）盾构机变压器应符合现行国家标准《电力变压器 第1部分:总则》GB/T 1094.3 和《电力变压器 第 11 部分:干式变压器》GB/T 1094.11 的规定以及国家标准《全断面隧道掘进机 盾构机安全要求》GB/T 34650—2017 中第 5.11.4 条的规定。

2）电力变压器的额定容量应大于盾构机设备计算容量；应考虑大功率设备启动时的冲击，宜选用难燃型变压器，并设置测温、通风等辅助设施。

3 配电应符合下列规定：

1）应在涉及人身安全和设备安全的重要设备或部位配备应急电源。

2）供电电压为交流 110 V 以上的用电设备应采用二级漏电保护措施，每条线路配电保护级数不宜超过三级。

3）配电系统应具备漏电保护、短路保护、过载保护、断相(反相)保护功能，盾构机内独立配电柜的电源进线应设置电源总开关。

4）低压配电系统功率因数应不低于 0.9，宜设置无功功率补偿装置。

4 设备布置及防护等级应符合下列规定：

1）电气设备防护等级应不低于 IP55，现场传感器防护等级不低于 IP66。

2）电力变压器应设置在通风情况良好、不易发生碰撞的部位，并采取安全防护措施；高压开关柜的正面应留有足够的操作空间。

3）应充分合理利用盾构机的结构空间，力求电气设备布置合理，便于操作和维护。

5 照明应符合下列规定：

1）应满足地铁盾构机施工照明需求和施工管理安全需求。在盾体内部、管片拼装机区域的照度不应低于 100 lx，主控室内照度不应低于 150 lx。

2）应采用高光效、高显色、节能的光源。

3）应在涉及人身安全和设备安全的重要设备或部位配备应急照明并设计局部加强照明。当盾构断电时，应在盾构机的任何工作区域的人员撤离通道上设置应急照明装置，通道应急照明最低照度不应小于 15 lx，应急照明时间不应小于 1 h。

4）照明供电电压宜采用直流 24 V。

5）其他要求应符合国家标准《全断面隧道掘进机　盾构机安全要求》GB/T 34650—2017 中第 5.11.8 条的规定。

6 电缆的选择和线路设计应符合下列规定：

1）高压电缆应采用矿用高压橡胶套软电缆。

2）动力及控制电缆应选用具有抗拉、耐油、可弯绕、耐磨损、耐温性好、阻燃性好的电缆。宜选用低烟无卤特性的电缆。

3）控制电缆截面应符合行业标准《Φ5.5 m～Φ7 m 土压平衡盾构机（软土）》CJ/T 284—2008 中第 5.4.3.3（C）条的规定。

4）通信线路屏蔽接地端应与接地点可靠连接。通信线应避免与动力线同组敷设，网络通信应采用带屏蔽的通信电缆。

7 接地装置应符合下列规定：

1）应采用电力变压器二次侧中性点的接地系统，利用盾构机金属外壳为接地点，与电力变压器中性点相连。

2）接地方式不可串接，盾构机内所有电气设备的金属外壳（如电动机、配电箱柜的外壳）和各后配套拖车的金属构架等可靠连接，形成可靠的接地系统。

3）接地电阻应符合现行国家标准《电气装置安装工程接地装置施工及验收规范》GB 50169 的规定。

4）箱柜和电气设备应有明显的接地标志和接地点。

3.8.3 PLC 控制系统应符合下列规定：

1 控制系统宜采用 PLC（可编程控制器）技术。

2 宜采用现场总线等网络通信方式传输控制信息。

3 控制系统硬件应符合下列规定：

1）可编程控制器的选用应兼顾系统兼容性、可靠性、可扩展性、系统规模、运算速度和执行效能等技术参数，并应考虑构成 PLC 网络的功能。

2）设计 PLC 控制网络时应根据控点分散情况选用实时性好、可靠性高、传输线路简单、系统配置灵活、调试方便的网络系统。

3）模拟量输入、输出信号应选择标准电流、电压信号。电压型标准输入输出信号为 1 V～5 V 或 0 V～10 V，电流型标准输入输出信号为 4 mA～20 mA 或 0 mA～20 mA。

4 操作及显示应符合下列规定：

1）应设置盾构机控制室进行集中监控。

2）移动设备或涉及人身安全的设备应优先选用就地操作

模式，并设置运转警示设备。

3）应根据系统安全要求设置紧急停止按钮。

4）应配置不间断电源确保系统供电。

3.8.4 数据采集控制系统应符合下列规定：

1 数据采集控制系统通常由计算机、相关外围设备及通信设备组成。

2 设计原则和要求应符合下列规定：

1）数据采集计算机硬件配置应充分考虑设备的可靠性和安全性，应选择工业级计算机，应选择防震、防尘、散热性能良好的硬件。

2）应根据实际使用需求配置外围设备。

3）应配置不间断电源确保系统供电。

4）数据采集通信可采用以太网，近距离数据通信也可采用异步串行通信，网络/通信产品应充分考虑盾构机应用环境，优先选用工业级产品，同时还应考虑网络的最大传输距离和通信速率。

5）根据工程管理需要，可配置地面数据终端，用于数据的管理、暂存和转发。应留有远程通信硬件接口，软件数据传输功能设计上应具有可扩展性，数据的上下行传输应具有安全性、可靠性，并具备网络安全隔离措施。

6）系统画面应包含：实时监控、实时/历史曲线、报警、历史数据查询等常用功能界面，并具备查询及打印施工数据报表功能。

7）所有远程控制系统应符合 ISO 15817 的要求。

8）主控室的操作人员在其所控制的工作区域应有良好的视角，主控室应配置必要的可视辅助装置，如闭路电视。

9）应建立盾构机数据的实时数据记录和历史数据报表及导向系统数据。

3.8.5 检测系统应符合下列规定：

1 检测系统由开关量检测器件和模拟量检测器件组成。

2 检测系统器件应根据实际需用要求及安装位置、安装方式、检测范围、防护等级、检测精度等特点进行选型。检测装置精度应符合现行国家标准《工业过程测量和控制用检测仪表和显示仪表精确度等级》GB/T 13283 的规定。

3 安全回路应符合国家标准《全断面隧道掘进机　盾构机安全要求》GB/T 34650—2017 中第 5.10.2 条的要求。

3.9 辅助系统

3.9.1 后配套拖车应符合下列规定：

1 后配套拖车的配置应考虑隧道断面、隧道曲线和隧道坡度。根据所安装设备的数量与空间尺寸，考虑维护管理的方便。还应考虑渣土的运出和管片的运入方式、各种作业施工场所、各种安全设施如安全通道和扶手、栏杆等。

2 在隧道轴线曲率大或陡坡施工区间，后配套拖车行驶应确保后配套拖车与管片间的距离，牵引时应防止后配套拖车倾覆、脱轨等。

3 后配套拖车应配备防电机车溜车的防撞装置。

4 后配套拖车的车轮直接在管片上行走时，应设置防止拖车侧滚的结构或装置。

5 为避免过载拖拉油缸应配备压力传感器，并将信号送到主控室。

6 二次通风设备供风量和风速应满足风量按每人每分钟供应新鲜空气 3 m^2 计算，后配套拖车尾端的回风风速不应小于 0.3 m/s 的要求。

3.9.2 铰接装置应符合下列规定：

1 铰接装置应根据隧道轴线、地质条件、盾构机形式等确定。

2 盾构选型时，应明确盾构机铰接系统设计方案及性能指标，并针对所用工程工况进行适应性评估，满足要求方可选用。

3 铰接装置应设置密封装置，并能通过集中润滑系统注入润滑油脂。

4 铰接密封可根据地质条件和工程情况，选择配置紧急密封装置和挡浆密封刷。

5 应在施工组织设计中明确盾构铰接系统的性能指标和使用方法，应制定铰接系统的作业要求、动作工单制度、过程检查维保和应急措施。

6 针对铰接盾构，进场前必须对铰接装置系统进行检查保养及更换全新密封，并确保铰接密封系统性能完好。

7 每组铰接油缸应具备行程检查装置，控制行程差，超差设定值后报警及停机。

3.9.3 管片吊运机构应符合下列规定：

1 管片吊运机构的性能参数包括：起吊力、适应坡度、升降速度、最小起吊高度、行走小车行走速度、行走小车最大行走距离等。

2 管片吊运机构的确定应符合行业标准《Φ 5.5 m～Φ 7 m 土压平衡盾构机（软土）》CJ/T 284—2008 中第 5.3.1.3 条的规定。

3.9.4 同步注浆系统应符合下列规定：

1 同步注浆设备应根据注浆材料、注浆方法、注浆量等选用能连续向尾盾空隙处注浆的机械装置，满足盾构机推进速度下的及时足量注浆要求，并宜配置清洗装置和计量装置。

2 应具备可根据推进速度的快慢自动调节注浆流量大小的功能，注浆量应可累计计算显示，可显示瞬时和累积注浆量并在数据采集系统中记录每环及累计的实际注浆量。

3 注浆搅拌系统应配置自动集中注脂功能，密封与轴承应为分体结构，便于拆解维修。

3.9.5 带式输送机应符合下列规定：

1 带式输送机的选择除应满足盾构机掘进施工条件、最大掘进速度(即盾构机最大出土量)、隧道轴线曲率、输送渣土的特性等要求外，尚应满足现行国家标准《带式输送机》GB 10595 的规定。

2 带式输送机应设置紧急停车装置。

3.9.6 人舱应符合下列规定：

1 人舱应由压力容器、加减压管路系统、监控、通信、报警和照明等设备组成，其容量不少于 2 人的空间。

2 人舱必须由具备专业资质的厂家设计、制造，并符合现行国家标准《钢制压力容器》GB 150 中压力容器安全技术监察规程的规定。

3 人舱应采用主、副舱结构。

4 人舱的两舱均应设置独立的加、减压管路系统，能从舱室内外两侧加、减压操作，满足人员、材料进出的变压作业要求，各舱位压力均应能分别显示。并配备适合压缩空气环境下操作的消防设施。

5 人舱的设计压力应为工作压力的 1.1 倍，测试压力应为工作压力的 1.5 倍，保压 30 min，不应大于工作压力的 6‰。

6 人舱应设置安全阀，安全阀设定压力为最大工作压力的 1.1 倍。

7 人舱内外及各舱室之间应配备通信系统，通信系统在供电系统断电时仍能正常工作。

8 人舱内外应设置机械式快速开启的应急排气阀，配置永久性红色警示标记。

9 人舱应配备铰链门，Φ 6 m 以上的盾构机配备的人舱宜容纳 1.8 m 长的担架和 2 个人员，并不影响铰链门的开闭。

10 人舱应配置全气动压力调节装置，在供电系统断电时仍能正常工作。

3.9.7 盾尾密封系统应符合下列规定：

1 盾尾密封系统由盾尾密封刷、盾尾油脂加脂泵、管路系统、控制阀件、压力传感器等组成。应随着盾构机推进连续逐环适量地向盾尾密封装置注入合格密封油脂。

2 盾尾密封油脂的压力应始终保持能够承受外部土体的水土压力，以及盾尾同步注浆压力。

3 盾尾注脂系统应具有自动及手动控制注脂的功能，并可显示累积压注量。各注脂点的分支管路上应装有电控阀门及压力传感器，实现在时间模式下和压力模式下均能自动注脂的要求，并应具有各注脂点压力显示、注脂点状态显示、油脂量累积计算及堵塞报警功能。

4 用于制作盾尾密封刷的材料应具有足够的弹性和耐腐蚀性，在推进摩阻力反复作用和管片变形条件下应保持防水功能。

5 水压力在不大于 0.4 MPa 时盾尾刷不应少于 3 道，大于 0.4 MPa 时盾尾刷不宜少于 4 道，并满足至少更换 1 道密封刷的要求。

6 盾尾同一个油脂腔两个相邻的油脂孔的弧线长度不宜大于 3.5 m。

7 盾尾密封油脂应优先选用环保材料。

8 油脂使用中应设置安全防火标识。

9 油脂泵应配备行程开关，具备空桶检测和报警功能。

10 密封脂包装桶要有明显标识区别于其他油脂，并设立警示标志。

3.9.8 添加剂注入系统应符合下列规定：

1 添加剂注入装置应能按照刀盘扭矩的变动、密封土仓内的土压力、螺旋输送机的出土状态等因素调节注入的压力和流量。注入口应有止回装置，防止泥沙倒灌。

2 在土压平衡盾构机推进施工过程中，加泥加水和加泡沫不可同时使用，应有切换装置，使盾构机操作者能根据实际状况来选择加泥、加水或加泡沫，注入管路可使用各自的专用管路，也可采用共管的形式。

3 注入位置、注入口径、注入口数量应取决于开挖土质、盾构机直径、刀盘支承方式、刀盘面板的形状等条件。

3.9.9 集中润滑系统应符合下列规定：

1 集中润滑系统主要包括油脂泵、分配阀、油泵、压力传感器等。润滑方法包括干油润滑和稀油润滑等。

2 集中润滑系统应确保刀盘轴承、主驱动密封系统、减速机、铰接密封、中心回转接头等处润滑。

3 集中润滑系统设计应符合行业标准《Φ 5.5 m～Φ 7 m 土压平衡盾构机（软土）》CJ/T 284—2008 中第 5.3.3.2 条的规定。

3.9.10 冷却系统应符合下列规定：

1 冷却系统应能消除设备和动力装置在盾构机掘进中产生的热量，确保盾构正常运转。

2 冷却系统应能对液压系统、刀盘驱动系统、大功率空气压缩机和变频器、配电柜等进行冷却。

3 冷却系统的设计应符合行业标准《Φ 5.5 m～Φ 7 m 土压平衡盾构机（软土）》CJ/T 284—2008 中第 5.3.7.4 条的规定。

3.9.11 导向测量系统应符合下列规定：

1 设计应遵循准确性、正确性、实用性、先进性的原则。精度要求应符合行业标准《Φ 5.5 m～Φ 7 m 土压平衡盾构机（软土）》CJ/T 284—2008 中第 5.3.5.3 条的规定。

2 总体设计时应预留测量通道。

3 激光导向的激光窗口应避开人行通道。

4 激光通道附近应设有防激光伤害警示标志。

5 激光导向应符合国家标准《激光产品的安全　第 1 部分：设备分类、要求》GB 7247.1—2012 中第 5.4 节的规定，选取 3R 级光束，应避免人眼直视。

4 盾构机的包装和运输

4.1 包 装

4.1.1 包装前工作应符合下列规定：

1 盾构机在工厂内安装调试完毕后，进行分解前应在各部件的拼接位置做好标记，分解包装后运输到安装工场所。

2 盾构机在包装前应按现行国家标准《防锈包装》GB/T 4879 的规定进行防锈、清洗、涂油。

3 刀盘、盾构机壳体、拼装平台、管片拼装机等大型散装部件，应标明重心与起吊位置，并在其表面适当位置，标明重量与最大外形尺寸。

4 分解各种管道、电缆，对分解的液压管口应吊编号牌，管口用闷头封口。

5 带式输送机分解后，各托辊应捆扎牢固，防止起吊、运输过程中撒落或遗失。

6 分解后，机内悬挂的油管、电缆等应用绳子固定、包扎，防止碰伤碰坏。

7 拆卸拼装机前，提升油缸应用保险板锁住。

8 后配套拖车底座应由专用支撑架支撑，左右后配套拖车应用刚性连接杆可靠连接，以保证移动与运输中的安全可靠。

9 尾盾分块应采用专用支撑架支撑，以防止起吊过程中产生结构变形。

10 电气设备在出厂运输前，应将所有的箱、柜、接线箱等电气设备进行防潮处理。

11　所有的电气设备应固定牢固。拆除电缆的电缆头应包扎牢固，箱、柜的门应锁紧。

4.1.2　包装要求应符合下列规定：

1　需防水、防湿、防锈，并且和其他部件碰撞后易损伤的产品宜用木箱包装。对于小型的零部件，宜集中装箱运输。

2　发货标记应由客户名称、目的地、重量、尺寸(长×宽×高)和装箱号等组成。

3　包装好的产品应附有装箱单。

4　包装应符合现行国家标准《机电产品包装通用技术条件》GB/T 13384 的规定，并符合陆路运输、水路运输或航空运输及装卸的要求。

5　包装图示标志应符合现行国家标准《包装储运图示标志》GB/T 191 及《运输包装收发货标志》GB 6388 的规定。

4.2　运　输

4.2.1　运输前工作应符合下列规定：

1　盾构机部件的运输必须由有资质的专业单位承担，提前勘察作业现场和运行路线，了解沿途道路线形和桥涵通过能力，制定运输组织方案和风险应急预案，并经过审批。

2　运输前需编制盾构机部件发运清单，应明确发运内容、发运及接收地址、联系人等。

3　应合理装载，制定部件运输过程加固措施，防止设备被碰撞与挤压或倒塌掉落。

4　运输车辆性能应满足要求，根据运输部件规格、重量合理选用运输车辆。

4.2.2　运输应符合下列规定：

1　运输盾构机重要结构件，如刀盘、前盾、中盾、尾盾、左右桥架和后配套拖车等，应在产品使用说明书中说明重量，外形尺寸、吊具位置、吊装和翻身方法。

2 进行分体设计应满足公路运输、现场组装限定条件的要求。

3 盾构机部件与车辆平板应固定可靠。

4 超限设备运输，运前均应办理各类同行单证。同时在最长、最宽、最高部位悬挂明显的安全标志，白天行车时，悬挂标志旗；夜间行车和停车休息时装设标志灯，以警示来往车辆。特殊货物，需有专门车辆引路，及时排除障碍。

5 若设备超宽，应挂上安全标志，夜间挂示宽灯；若设备超高，应配备超高护送车，撑线排障。

6 运输前对运输车辆、工索具及装备等应进行全面检查，保证安全可靠，车辆的额定载重量应满足设备重量。

7 卸车（机械卸车）应在专职人员的指挥下，重载车组以 2 km/h～3 km/h 的速度驶入施工作业区，并在指定卸车地点停妥车辆。

8 在现场指挥下，当设备被起重机械慢慢提升后，车组应慢慢离开设备下部，驶离起重机械作业区域，完成卸车过程。

9 运输图示标志应符合现行国家标准《包装储运图示标志》GB/T 191 及《运输包装收发货标志》GB 6388 的规定。

10 设备运输应符合铁路、公路和航运的规定。

5 盾构机进场安装

5.1 吊装前的工作

5.1.1 吊装应符合下列规定：

1 吊装作业必须严格执行现行国家标准《起重机械安全规程　第1部分:总则》GB 6067.1 和现行行业标准《建筑施工高处作业安全技术规范》JGJ 80 的有关规定,采取可靠的维护与安全防护措施。

2 吊运设备或部件应提供吊耳或辅助起吊装置,并应清晰明确地标示出重量、尺寸、吊耳或吊点位置。起吊部件的方法应在说明书中说明。

3 现场装配后需去掉的起吊装置,应在技术文件中明确说明。

4 起重吊运过程中使用的钢丝绳、吊具、卸扣等应安全可靠;起吊前,各吊点必须紧固,焊接吊耳的焊缝应按现行国家标准《焊缝无损检测　超声检测　技术、检测等级和评定》GB/T 11345 的规定进行 100%超声波检查,等级不小于 A 级,验收等级按现行国家标准《焊缝无损检测　超声检测　验收等级》GB/T 29712 中的 3 级执行。

5 盾体等部件的吊点不应少于 4 个,刀盘吊点不少于 2 个,单个吊点的承载能力不应小于该件重量。

6 钢丝绳的起吊夹角不宜大于 40°。

7 盾构机部件吊装应符合行业和有关法律法规规定。

5.1.2 吊装前的检查工作应符合下列规定：

1 场地检查应符合下列规定：

1） 作业区域场地平整结实，纵横向场地坡度控制在3%以内，并按照设计要求在吊装区域准备好吊机支垫钢板和路基箱。

2） 应清理吊装区域及运输通道，确保吊装区域、运输通道无障碍物体。

3） 井口应安装固定的防护栏。在起吊设备各区间应设置施工禁区。

4） 现场作业区域的地基承载力应符合盾构机大型部件吊装及运输的要求。

5） 应对周边管线、环境、交通做好防护工作。做好现场安全设施的检查，做好临边围护工作。

2 进场前的验收检查应符合下列规定：

1） 起重机械设备应严格执行特种设备安全监察等相关法律法规的要求。

2） 吊装使用的机具、工具、吊索具、材料及吊机在进场前应对吊装公司资质、吊机检验合格证及人员证件进行验收，并作好记录。

3） 盾构部件应按照吊装顺序要求进场。

4） 检查吊机应为方案要求的起重设备型号。

5） 检查吊机随机资料应齐全有效。

3 吊装前的安全检查应符合下列规定：

1） 所有作业人员应接受高处作业、消防安全、触电、立体交叉作业、起重等各类安全知识的教育；特殊工种如电焊工、起重工、行车工和电工等应持证上岗，上岗前应依据有关规定进行专门的安全技术签字交底。

2） 作业人员进入作业现场应按照现行国家标准《安全帽》GB 2811、《安全网》GB 5725、《安全带》GB 6095 的要求正确使用安全防护用具，应在规定的安全通道内出入和上下，不得在非规定通道位置行走。

3）高处作业的人员应系好安全带，在高处上下层同时作业时，中间应搭设严密牢固的防护隔离设施，应按照现行国家标准《安全网》GB 5725 的要求布置安全网，以防落物伤人。

4）吊车应按照方案指定位置摆放。

5）应按指定要求铺设路基箱。

6）吊装作业时井上井下专业指挥人员应到位并配备通信用对讲机。

7）吊耳焊接接缝应符合要求，吊耳及焊接处不应有破损现象。

8）其他小型辅助材料设备应齐备、合格等。

9）现场吊装前应检查现场架空高压线的安全距离，同时关注气候的变化。

10）对现场使用的钢丝绳和卸扣加强检查，钢丝绳的检验和报废应按现行国家标准《起重机用钢丝绳检验和报废实用规范》GB/T 5972 执行。

11）钢丝绳直径选择和承载能力计算应按现行国家标准《起重机设计规范》GB/T 3811 执行。

5.2 结构安装

5.2.1 施工前应组织各作业人员熟悉图纸、方案，并进行技术交底。

5.2.2 盾构机结构件组装应定位准确。结构件的连接螺栓应按照设计扭矩和操作规程拧紧并复核。

5.2.3 吊耳焊缝应经过工艺评定，厚度超过 20 mm 的钢板必须采用坡口焊，焊缝饱满，所有焊缝都应采用无损探伤检测。

5.2.4 盾构吊装时不能刮、碰盾构上的接管、电机及其他附属设施。

5.2.5 安装完每个构件应检查，符合要求后才能移动，进行下一个构件的安装。

5.2.6 盾构机组装完成后，应对盾尾整圆度进行测量，满足盾构推进要求。

5.2.7 盾构机组装完成后，调试通电前应按照现行国家标准《电气设备交接试验标准》GB 50150 的规定进行电气试验，保证高压系统安全运行。

5.2.8 盾构机通电后应进行系统空载调试，应包括分系统调试、联动调试、整机调试，并确认安全连锁功能完好。

5.3 系统安装

5.3.1 各种管道不得有锈蚀、凹痕、揉折、压扁及破裂等缺陷，软管不准有扭曲现象，对于有震动和位移的软管应固定好，以防与其他物体摩擦。

5.3.2 在系统工作时，各管路连接处以及密封件处，应有良好的密封性能，固定接口和运动接口不允许渗漏。

5.3.3 装配时，零部件的外露面与内腔相通的孔，若不能立即装好，应用专用堵头堵好封口，或用塑料布包好，严禁用纱布、纸屑等堵塞。

5.3.4 电线、电缆接线应准确，联接应牢固可靠，不得有破口、龟裂等现象。

5.3.5 走线应成束，排列美观，线头应有标号，导线易受机械损伤的部位，应予以保护。

5.3.6 电缆铺设应排列整齐，电缆标志应清晰。电缆铺设时后方台车间应留适当长度的余量。

5.3.7 电机接线盒电缆进线口必须配置电缆防水夹紧接头，还应做密封处理，电缆芯线不应外露。

6 盾构机井下调试和验收

6.1 井下调试

6.1.1 盾构机组装完毕后，即可进行空载调试。应按设计的主要功能及使用要求提出井下验收大纲，按照井下验收大纲分系统进行逐项调试验收检查，其目的主要是检查设备是否能正常运转。主要调试内容为：配电系统、液压系统、润滑系统、冷却系统、控制系统、注浆系统、联动调试、整机调试以及各种仪表的校正。

6.1.2 空载调试证明盾构机具有工作能力后，即可进行盾构机的负载调试。负载调试的主要目的是检查各种管线及密封设备的负载能力，使盾构机的各个工作系统及其辅助系统达到满足正常施工要求的工作状态。

6.2 井下验收

6.2.1 盾构机壳体应符合下列规定：

1 盾构机壳体在施工现场井下拼装焊接后，检验壳体的拼环质量，焊缝应符合现行国家标准《钢结构工程施工质量验收规范》GB 50205 的有关规定。

2 壳体前、中盾法兰螺栓的紧固情况应符合设计要求。

3 检查设备工作平台及通道安装应平稳、牢固、无干涉。

4 检测壳体外径局部突出及拼接错缝，允许偏差小于 3 mm，参照本标准附录 A 记录验收数据。

5 盾体圆度、圆柱度、周长检测应由盾构机制造商提供监造人员签字的检测报告。

6 尾盾拼装、焊接后的检查，直径偏差、圆度/圆柱度偏差检测，应符合现行国家标准《全断面隧道掘进机 土压平衡盾构机》GB/T 34651 的有关规定，参照本标准附录 A 记录验收数据。

7 应检查盾体径向润滑孔，按照本标准附录 A 记录验收数据。

8 土压传感器应进行不带压测试，检查其灵敏度。

9 应进行超前注浆管检查，参照本标准附录 A 记录验收数据。

6.2.2 刀盘应符合下列规定：

1 刀盘外观检查：各部件油漆涂装应符合规范，油漆无色差，漆膜无破损、划伤、漏漆、脱落、鼓包、流挂现象。检查刀盘正面和刀盘盘体大圆环外侧的耐磨网格应符合设计要求，参照本标准附录 A 记录验收数据。

2 刀盘开挖直径、刀盘与前盾壳体偏心检查应采用专用仪器检测，参照附录 A 记录验收数据。

3 中心回转接头应进行功能检测，参照本标准附录 A 记录验收数据。

4 刀具检测：按图清点各类刀具的数量，应检查其外观质量，刀具螺栓紧固情况和刀具焊接质量，参照本标准附录 A 记录验收数据。

5 应进行刀盘喷口数量和刀盘喷口保护块检测，保护块应沿所在分度圆切线方向进行目测检查，参照本标准附录 A 记录验收数据。

6 应进行仿行刀功能检测：将仿行刀旋转至 12 点钟位置并与旋转编码器 0°对应，校对仿行刀位置角度应与主控室显示一致，参照本标准附录 A 记录验收数据。

7 应进行刀盘磨损检测：检测实际位置与主控室显示应一致，参照本标准附录 A 记录验收数据。

8 刀盘其他项目检查：刀盘连接螺栓紧固应使用扭力扳手

检测，并检查其保护帽安装；按设计图纸要求有无损检测要求的焊缝由第三方提供检测报告；搅拌棒安装质量检查，参照本标准附录A记录验收数据。

6.2.3 刀盘驱动装置应符合下列规定：

1 主驱动的目视检查项目：电机冷却水温度显示；变频电机两端轴承手动润滑点(处)；减速机齿轮油位显示；减速机液位应在1/2～2/3处位置；主驱动内/外圈密封处有油脂挤出；变速箱下部应安装有排水阀；参照本标准附录A记录验收数据。

2 应进行主驱动功能检查：参照本标准附录A记录验收数据。

1) 刀盘零位检测功能。

2) 启动刀盘，分别在主控室进行正、反转控制。刀盘转向应与控制方向一致，参照本标准附录A记录验收数据。

3) 在主控室启动刀盘，控制刀盘旋转至最高转速，待刀盘转速稳定后，界面显示转速与实际转速应与标准值一致，允许偏差为±5%。

4) 在主控室启动刀盘，调节刀盘转速达到1 r/min，在刀盘前面选择一个参考点进行1 min计时，界面显示转速与实际转速应与标准值一致，允许偏差为±10%。

6.2.4 人舱应符合下列规定：参照本标准附录A记录验收数据。

1 人舱目测检查项目：由专业厂家提供人舱出厂合格检验报告，人舱设备在不加压状态下检查其工作状况，检查舱门锁紧装置，参照本标准附录A记录验收数据。

2 人舱内外两侧应具备加减压功能。

3 应在加、减压状态下检查人舱设备及工作状况，管路无泄露。

4 人舱保压气密性试验：主仓单独保压，副仓与主仓联通保压。保压30 min，压降不应大于测试压力的6‰。

5 目测查看安全阀铭牌标定的整定压力和安全阀合格证。

6 与人舱相关的其他功能检查。

6.2.5 推进油缸功能检查应检测所有推进液压缸的全程伸缩时间，检测液压缸的空载压力和满载压力，并检查满载压力下的泄漏情况。对推进液压缸各区域进行可调控制，总油压、区域油压、液压缸行程等显示应正确。参照本标准附录A记录验收数据。

6.2.6 铰接油缸功能检查：检查最大、最小行程限制，铰接油缸全伸、全缩动作，油缸行程测量与显示校对，参照本标准附录A记录验收数据。

6.2.7 管片拼装机系统应符合下列规定：

检测以下项目，参照本标准附录A记录验收数据。

1 在空载和重载状态下，将管片拼装机分别停留在0°、±90°、180°四个位置，进行提升、平移、夹持等操作。不应出现抖动、爬行等现象，管片的夹持装置应可靠，压力、提升高度、平移距离等应符合技术参数的要求。

2 在空载和重载状态下，管片拼装机以顺时针和逆时针在设计要求的工作范围内旋转，回转应平稳，回转限位应可靠。测试压力、转速和旋转角度。制动器在油压失压或断电时应能立即制动，停止时不应有位移。

6.2.8 螺旋输送机系统应符合下列规定：

检测以下项目，参照本标准附录A记录验收数据。

1 螺旋输送机前/后闸门的开、闭应无卡滞，开、闭限位应可靠，开、闭状态显示应正确。检验螺旋输送机后闸门紧急关闭动作，紧急关闭装置性能应可靠。

2 应具有双向旋转和无级调速功能，最大转速应满足设计要求。

6.2.9 后配套设备应符合下列规定：

1 管片吊机功能检查：检查行走时碰撞的可能性；行走终端具有缓震胶和机械限位；限位开关自动停止功能；行走速度、提升高度、提升/下降的高速/低速的切换、起吊中载荷测试；有线/无线控制；管片吊机告警功能（声音），参照本标准附录A记录验收数据。

2 辅助吊机检查：检查泡沫罐吊机、材料吊机和油脂桶吊机，在工作区域应避免碰撞。

3 拖车行走平台、通道和楼梯应符合规范要求，确保畅通无阻。

6.2.10 带式输送机功能检查：设备外观目测良好；带式输送机跑偏功能；皮带紧急拉线功能；张紧功能；冲洗功能和刮渣器的效果检查应满足现行国家标准《带式输送机》GB 10595 的规定，参照附录 A 记录验收数据。

6.2.11 液压系统检查应符合下列规定，并参照本标准附录 A 记录验收数据：

1 液压泵站检查：各系统泵比例调节、压力显示的检查，并按照设计值进行液压泵工作压力的设定。

2 检查液压冷却过滤回路。

3 检验液压系统的油液清洁度，出具液压油的污染等级检测报告，油液固体颗粒污染等级不应低于现行国家标准《液压传动 油液 固体颗粒污染等级代号》GB/T 14039 的规定。

4 对各系统进行耐压测试 5 min，压力下降值不得大于 0.5 MPa。检查系统工作时泵组的工作状况。

6.2.12 辅助系统检查应符合下列规定：

1 按照设计图纸要求检查主驱动润滑系统、盾尾油脂系统、油脂集中润滑系统、水循环系统、同步注浆系统、泡沫系统、膨润土系统、压缩空气系统、自动保压系统和二次通风系统等辅助系统设备安装情况，管路布置连接应正确，应符合规范要求，检查各系统设备运行状况和管路畅通无渗漏现象。参照本标准附录 A 记录验收数据。

2 同步注浆系统需在井下全部连通后，加介质运行，检验运转状况。

3 冷却系统加水进行试运行，观察系统运转状况，检查系统管路。

6.2.13 电气系统检查应符合下列规定并参照本标准附录A记录验收数据：

1 监测和切断的检查。

2 滤芯监测，堵塞报警信息检查。

3 各系统主要保护逻辑检测。

4 本地操作面板检测，包括：刀盘维修操作台；螺旋输送机操作面板；同步注浆泵/搅拌机操作面板、带式输送机操作面板、设备急停检测。

6.2.14 安防系统检查应包括下列检查项目，并按照本标准附录A记录验收数据：

1 气体检测功能。

2 灭火器。

3 视频监控。

4 通信与照明系统。

7 盾构机使用、维护和保养

7.1 操作和使用要求

7.1.1 启动前的检查应符合下列规定：

1 启动前应对各系统、操作面板的状态进行检查，确保各操作手柄和按钮齐全、灵活，可靠并处于初始位置，应至少进行下列系统及状态的检查：

1）电气系统正常工作。

2）延伸电缆及水管余量充足。

3）循环水压力正常。

4）带式输送机系统工作正常。

5）管片运输系统工作正常。

6）管路延伸系统工作正常。

7）压缩空气系统工作正常。

8）液压系统工作正常。

9）集中润滑系统工作正常。

10）渣土改良系统工作正常。

11）注浆系统工作正常。

12）导向系统工作正常。

13）出渣系统准备就绪。

14）设备连接件和紧固件齐全、紧固。

2 应对操作面板进行以下检查：

1）推进速度旋钮为零。

2）刀盘转速旋钮为零。

3）所有泵的启动旋钮处于关闭状态。

4）显示屏无故障信息显示。

3 消防设施和应急设施应配置齐全且工作性能正常。

4 应按技术要求检查设备的润滑、冷却系统，必要时进行试运行。

5 液压、水、气管路的接头无破损、泄露，防护装置齐全可靠。

6 应采用设备自检和人工辅助相结合的方式检查盾构机各个功能系统，所有系统应工作正常。

7.1.2 人员和物资准备应符合下列规定：

1 作业人员应就位。

2 至少应具备下列整机运行条件：

1）注浆材料准备完毕。

2）隧道衬砌、支护材料准备完毕。

3）泡沫剂、膨润土、油脂等准备完毕。

4）轨线延伸材料、管路系统延伸材料等准备完毕。

7.1.3 作业人员基本要求应符合下列规定：

1 作业人员应体检合格，无妨碍作业的疾病和生理缺陷，能使用现场作业的要求。

2 作业人员应穿戴合适的工作服并配置必要的安全防护用品。

3 作业人员应了解盾构机结构、电气、液压的基本原理及盾构机掘进施工知识。

4 作业人员应按操作规程操作。

5 作业人员应具备防火、防电等安全防范知识和意识。

7.1.4 运行控制操作应符合下列规定：

1 盾构机的启动原则：

1）应根据工程要求和地质特点设置合适的工程参数。

2）启动前应发出警示信号，确认安全后再启动。

3）应严格按照盾构机设备规定的操作程序启动。

2 盾构机启动注意事项：

1）确保符合启动条件才可启动。

2）启动指令被执行后，设备没有被启动，应停止启动指令，待故障排出后，才可再次启动。

3）启动中发现启动声音异常、运行参数异常、油压异常、水压异常、气压异常、电压异常等情况时，应立即停止启动。

3 参数设定应符合下列规定：

1）泡沫系统参数设定：泡沫系统参数的设定应在土木工程师的要求下，根据工程地质的具体情况设定，泡沫参数在初始设定完成后未经同意不宜更改。

2）盾尾密封参数设定：应根据机电工程师指令输入相应的盾尾油脂密封参数。

3）同步注浆参数设定：应在土木工程师的要求下设定注浆系统的低限警告压力、启动压力和停止压力。

4）其他参数设定：在盾构机出厂时已经设定了初始参数，有权限的人员才可更改这些参数；在上位机上有“恢复出厂设置”功能，能将系统恢复到出厂初始参数。

4 盾构机开机原则应符合下列流程的规定：

1）根据工程要求选择盾尾油脂密封的控制模式：

a. 启动循环水冷却系统泵。

b. 启动润滑脂泵、过滤泵、齿轮油泵。

c. 启动皮带输送机（土压平衡盾构机）；启动先导油泵、补油泵。

d. 启动主驱动泵（电驱为电机）及螺旋输送机驱动泵（土压平衡盾构机）。

e. 启动推进泵。

f. 选择手动或半自动或自动方式启动泡沫系统（土压平衡盾构机）。

g. 启动盾尾油脂密封泵。

h. 启动刀盘密封（HBW）油脂泵。

i. 启动刀盘。

j. 启动推进，根据导向系统屏幕上指示的盾构机姿态调整四组油缸的压力至适当的值，并逐渐增大推进系统的推进速度。

5 盾构机的运行应符合下列规定：

1） 应根据隧道工程地质和水文地质条件、隧道埋深、线路平面坡度、地表环境、施工测量结果、盾构机姿态设定盾构机刀盘转速、推力、扭矩、纠偏角度、排渣量、送排泥水压力和流量等相关掘进参数。

2） 盾构机正式掘进前应进行试运行，检查无异常现象后再以设定的参数正式掘进。

3） 掘进过程中应严格控制好盾构机姿态，定期将导向系统测量结果与人工测量结果相校核，及时调整，将姿态偏差控制在允许范围内。

4） 掘进过程中应严格控制线路轴线，发现偏离应逐步纠正。

5） 掘进过程中应监测和记录盾构机运转情况、掘进参数变化排出渣土状况，并及时分析反馈，调整掘进参数，使排土量与开挖土量相平衡。

6） 掘进过程中应记录各种数据表格并做好资料保存。

7） 掘进过程中，作业人员应随时注意巡检盾构机的各种设备状态，及时发现问题和处理。

8） 掘进过程中应结合地面监测信息及实际施工情况，在保证设备安全、施工安全和人身安全的前提下对掘进参数进行动态管理。

6 盾构机的操作应符合下列规定：

1） 开挖地层稳定性不好或有较大的地下水时，应采用土压平衡模式(即 EPB 模式),并根据前面地层的不同来保持不同的土舱压力,具体压力值应由土木工程师决定。

2) 当压力大时,可采取下列措施降低压力:

a. 加快螺旋输送机的转速,提高出渣速度。

b. 适当降低推进速度。

c. 减少渣土改良剂的注入量。

当压力小时,可采取下列措施增大压力:

a. 降低螺旋输送机的转速,降低出渣速度。

b. 适当增大推进速度。

c. 增加渣土改良剂的注入量。

3) 盾构机推进方向的调节操作应通过推进系统或主动铰接几组液压缸的不同压力来进行调节。

4) 盾构机不宜有太大的侧滚;通过调整盾构机刀盘的转向可调整盾构机侧滚。

5) 刀盘扭矩过大调整操作应采取下列措施:

a. 适当增加渣土改良剂注入量。

b. 适当降低推进速度。

c. 适当降低刀盘的转速等。

6) 注浆系统操作应根据工程要求调整注浆泵起动和停止压力。

7) 泡沫系统的操作:泡沫系统一般有三种操作模式,即自动、半自动、手动。应根据实际施工情况合理选择操作模式。

8) 膨润土系统的操作:应将膨润土搅拌好后再送至后配套车架上的膨润土罐内,然后启动搅拌泵和输送泵,并应根据工况调整膨润土的泵送流量。

9) 在盾构机的过程控制操作中,应随时注意巡检盾构机的各种设备状态。操作司机应时刻监视出渣情况,根据导向系统调整盾构机的姿态。

7 盾构机的停机应符合下列规定：

1）盾构机应严格按照使用说明书和相关技术文件规定的停机程序进行正常的停机操作。

2）停机后应检查各种操作手柄、仪表，确认是否在规定的初始位置。

3）应检查盾构机各部件及各种安全保护装置，有问题时应做好记录。

4）盾构机正常停机应符合下列顺序的规定：

a. 逐步降低螺旋输送机的转速至零，停止螺旋输送机。

b. 关闭螺旋输送机后闸门。

c. 停止推进系统工作。

d. 停止皮带输送机。

e. 若刀盘驱动压力较大，则可持续转动刀盘，当驱动压力降低至一定程度时减小刀盘转速至零，并停止刀盘转动（这样有利于下次刀盘启动时扭矩不至于太大）。

f. 依次停止主驱动泵、补油泵、螺旋输送机泵、先导控制泵、油脂密封系统、齿轮油泵、泡沫系统。

g. 若马上安装管片，可暂不关闭推进系统油泵和辅助油泵，否则应关闭。

h. 对于在掘进过程中发生的任何设备故障都应有详细的记录。

5）当施工环境、盾构机设备、工作人员处于危险时，盾构机应启动紧急停机装置，及时进行人员疏散以确保安全；其他情况下不应使用紧急停机装置。

7.2 维护和保养

7.2.1 盾构机的维护保养工作应遵循预防为主、状态控测、强制保养、按需维修及养修并重的原则。

7.2.2 设备的维护和保养应制定维修保养计划并由专人负责，维修保养计划应包括：

1 每班维修保养计划。

2 日常维修保养计划。

3 定期维修保养计划。

4 其他情况维修保养计划。

7.2.3 日常维护工作可分为：每班使用前后、运行中、每日的维护工作。维保人员在使用盾构机时，应对设备运行情况进行监测、反馈，并按照每日维护计划进行维护保养。日常维护保养的工作内容应包括：清洁、紧固、润滑、调整、防护，具体包括：

1 螺栓、螺母松动检查并紧固。

2 异常声音、发热检查。

3 液压油、润滑油、水、空气系统的异常泄漏检查，液位检查。

4 各润滑部位供油、供脂情况检查并补充。

5 电源电压及掘进参数检查确认。

6 安全阀设定压力检查确认。

7 滤清器污染状况、过滤器滤芯元件检查及更换。

8 盾构机各系统的日常维护保养。

7.2.4 定期维护保养是指按规定的运转周期或掘进长度对盾构机设备进行检查和维护。定期保养维护可分为周、月、季度、半年和年度等周期形式，主要内容包括：

1 刀盘、刀具、回转接头的周期性检查。

2 盾体结构、铰接密封、铰接油缸、推进油缸周期性检查。

3 主轴承、变速箱、减速机、液压马达、驱动电机周期性检查。

4 管片拼装与运输系统周期性检查。

5 皮带运输机系统周期性检查。

6 供电系统高压电缆、电缆卷筒、高压开关柜、变压器、配电柜周期性检查。

7 通风系统主要风机、风管卷筒、风管周期性检查。

8 人舱系统周期性检查。

7.2.5 设备其他情况维修保养应按照生产厂家提供的维护保养手册及相关技术文件执行。

7.2.6 相关要求应符合下列规定：

1 只有当机器停止操作时才能进行维保工作，断开要维护的电气部件的开关，并确保维护期间不会工作。

2 设备维护保养期间应至少在下列地点摆放或悬挂相应的指示牌，必要时使用指示灯：

1）维保作业区域。

2）检修作业中。

3 在液压系统维护之前应关闭相关阀门和泄压，应防止液压油缸的意外伸缩和液压马达的意外运行。意外泄漏的高压油会造成人员的伤亡和液压设备的损坏。

4 维修人员应将维修情况向盾构机操作工和有关人员交代清楚，并做好维修记录，存档备查。

8 盾构机拆卸和退场

8.1 施工准备

8.1.1 断电拆机前的准备工作应符合下列规定：

1 应将刀盘角度旋转为零度，便于焊接吊耳。

2 应将磨损检测刀系统蓄能器旁边的开关打开卸压。

3 应将铰接液压缸全部收缩到位。

4 推进液压缸全部应收缩到位。

5 拼装机所有油缸应收缩到位，并将升降油缸两侧安装固定块。

6 管片输送车油缸应全部收到位。

7 应将螺旋机出土闸门关闭，闸门蓄能器处的卸压阀打开释放压力。

8 应把管片吊机开到桥架后方，单轨梁电机不要停留在单轨梁连接处。

9 断电后应关闭所有主油箱上包括注浆系统油箱上的截止阀。

10 输送机皮带的接口应处于后续台车上方且朝上，便于分割。

11 应将所有部位存留的水放净，防止冻坏任何设备，应将主驱动齿轮油全部放出来。

8.1.2 盾构机拆卸注意事项应符合下列规定：

1 应严格按照图纸及相关技术规范和工艺标准进行拆卸。

2 应保护好盾构机各部件间连接管线接头的编号，避免因无编号而造成将来线路连接错误，影响安装进度。

3 拆除过程中，各专业技术人员应协同工作，相互配合做好交接班工作。

4 焊接作业时应检查其附近是否有传感器，如有应将其电缆拆除，当附近有其他电气元件、电柜、变压器等时，应将地线接到焊接处附近方可焊接。

5 吊装作业时应严格按照安全交底内容执行，并对设备进行保护，防止钢丝绳刮碰设备。

6 关于吊装作业，应参照本标准第5章的相关要求执行。

8.2 盾构分解

8.2.1 应对整机进行常规清洁泥土以满足道路运输要求，清洁范围应包括：刀盘、土仓、螺旋机、管线、浆筒、盾尾刷。

8.2.2 分解各种管道、电缆，对分解的液压管口应需挂牌，并用闷头封堵管口。

8.2.3 分解盾构应与桥架连接，并将桥架固定在平板车上。

8.2.4 皮带运输机架分解后放车架顶上，应固定牢靠。

8.2.5 螺旋机拆除后应放置于平板车上。

8.3 盾构平移

8.3.1 盾构平移前的准备工作应符合下列规定：

1 将盾构机与基座临时连接。

2 在盾构主机外壳上焊接顶升支座，固定油缸，在铺设的钢板与顶升油缸之间放置四只搁凳。

3 顶起盾构主机，抽出基座下的型钢，再在基座下垫上6只搁凳。

4 在基座下放置滑板顶起盾构主机，抽出基座下的搁凳，放下盾构主机。

8.3.2 盾构机停机到位后，油缸只顶盾构主机前盾部位基座，主机完成向竖井方向90°旋转。

8.3.3 盾构机主机平移应符合下列规定：

1 盾构机主机平移采用油缸进行顶推基座，使盾构机主机移位。

2 在预先铺设的钢板上焊接油缸的顶推后靠，用两个油缸分别顶推基座使得盾构横移，重复上述步骤，向竖井方向平移，到达预定位置。

8.4 主机上井

8.4.1 焊接盾构起吊吊攀，进行盾构主体分解工作，拆除部件之间的连接螺栓，准备起吊。

8.4.2 盾构主机部件吊上井应符合下列规定：

1 将刀盘与前盾分解，刀盘吊离工作井。

2 将尾盾和拼装机一起吊离工作井。

3 将螺旋机与前盾分解，螺旋机吊离工作井。

4 将中盾与前盾分解，中盾吊离工作井。

5 前盾吊离工作井。

8.5 后配套拖车上井

8.5.1 在后配套拖车平移前，应把车架长度缩短。

8.5.2 应将后配套拖车轨道延伸到专用平移基座上，把后配套拖车推到平移基座上。

8.5.3 应利用固定在竖井方向的卷扬机，牵引平移基座向竖井方向平移，到达预定位置。

8.5.4 应将后配套拖车逐个吊出。

附录A 盾构机井下验收项目表式

表A 盾构机井下验收项目表式

序号	井下验收项目内容	设计值	实测值	结论	备注
1	盾体				
1.1	外观检查				
	a）前、中盾法兰螺栓紧固安装				
	b）设备工作平台及通道安全情况				
	c）壳体外径局部突出及拼接错缝（mm）				
1.2	盾体圆度、圆柱度、周长检测				
1.3	盾体径向润滑孔检查				
	a）前盾径向润滑孔数量				
	b）中盾径向润滑孔数量				
1.4	土压传感器状态测试				
1.5	超前注浆管				
	a）超前注浆管数量（个）				
	b）超前注浆管管径				
1.6	盾尾检测				
	a）注浆通道数量				
	b）油脂管路数量				
	c）自由状态盾尾及圆度检测				
	d）尾盾环缝及水平焊缝探伤				
	e）盾尾钢丝刷、钢板刷及挡浆板安装质量检查				

续表A

序号	井下验收项目内容	设计值	实测值	结论	备注
2	刀盘				
2.1	外观检查耐磨保护措施				
2.2	刀盘开挖直径				
2.3	刀盘与前盾壳体偏心检查				
2.4	中心回转接头功能检测				
	a）油脂注入孔（个）				
	b）泡沫回转接头（路）				
	c）液压回转接头（路）				
	d）电气回转接头				
2.5	刀具检测				
	a）中心刀数量（把）				
	b）保护刀数量（把）				
	c）刮刀数量（把）				
	d）先行刀数量（把）				
	e）周边刀数量（把）				
	f）仿形刀数量（把）				
2.6	刀盘喷口数量				
2.7	刀盘喷口保护块方向检测				
2.8	仿行刀功能检测				
	a）仿行刀油缸行程（mm）				
	b）仿形刀超挖量（mm）				
	c）仿行刀伸出				
	d）仿行刀收回				
	e）仿行功能				
	f）仿行刀上位机显示位置校对				

续表A

序号	井下验收项目内容	设计值	实测值	结论	备注
2.9	刀盘磨损检测(个)				
2.10	刀盘其他项目				
	a) 刀盘连接螺栓及保护帽安装				
	b) 刀具螺栓紧固检测				
	c) 刀盘焊缝检测				
	d) 搅拌棒检测				
3	刀盘驱动装置				
3.1	主驱动的目测检查				
	a) 电机冷却水温度显示				
	b) 减速机齿轮油位显示				
	c) 减速机液位				
	d) 主驱动内/外圈密封处有油脂挤出				
3.2	主驱动功能检查				
	a) 电机数量				
	b) 刀盘零位检测功能				
	c) 刀盘正/反转功能控制与指示				
	d) 刀盘正/反转最高转速(r/min)				
	e) 刀盘转速显示与校对				
4	人舱				
4.1	人舱目测检查项目				
	a) 人舱出厂检验报告(专业制造商提供)				
	b) 设备及工作状况检查(不加压状态)				
	c) 舱门锁紧装置				

续表A

序号	井下验收项目内容	设计值	实测值	结论	备注
4.2	人舱压力试验				
	a）人舱加减压功能				
	b）设备及工作状况检查（加、减压状态）、管路无泄露				
	c）人舱保压气密性试验				
	d）安全阀				
4.3	与人舱相关的其他功能检查				
5	推进油缸功能检查				
	a）油缸行程测量与显示，校对带行程传感器的油缸				
	b）油缸伸缩动作				
	c）操作界面为拼装模式单组区域油缸缩回时间				
	d）操作界面为拼装模式单组区域油缸伸出时间				
	e）推进模式/拼装模式指示灯显示				
	f）推进系统按工作压力保压 3 min 泄漏检测				
	g）全部油缸压力测试				
6	铰接油缸功能检查				
	a）最大行程限制(mm)				
	b）最小行程限制(mm)				
	c）油缸全伸动作				
	d）油缸全缩动作				
	e）油缸行程测量与显示校对				

续表A

序号	井下验收项目内容	设计值	实测值	结论	备注
7	管片拼装机遥控操作检测				保压 30 min，压降≤0.2 MPa
7.1	遥控器操作检测				
	a）管片拼装机遥控器外观，有无限遥控功能				
	b）急停功能				
7.2	油脂注入检查（回转支承、滚轮、关节轴承油脂润滑）				
7.3	空载测试				
	a）极限回转角度（°）				
	b）拼装机正/反回转功能				
	c）带平移梁的拼装机前进/后退功能（□）				
	d）提升油缸伸/缩功能				
	e）平移油缸行程（mm）				
	f）平移油缸伸出时间（s）				
	g）平移油缸缩回时间（s）				
	h）提升油缸行程（mm）				
	i）提升油缸伸出时间（s）				
	j）提升油缸缩回时间（s）				
	k）□抓举头 □真空吸盘				
	l）□抓举头 □真空吸盘				
	m）□抓举头 □真空吸盘				
7.4	重载测试				

续表A

序号	井下验收项目内容	设计值	实测值	结论	备注
	a）极限回转角度(°)				
	b）拼装机正/反回转功能				
	c）带平移梁的拼装机前进/后退功能(□)				
	d）提升油缸伸/缩功能				
	e）□抓举头 □真空吸盘				
	f）□抓举头 □真空吸盘				
	g）□抓举头 □真空吸盘				
	h）□抓举头抓持动作 □K 块吸盘伸缩动作				
	i）□抓持系统保护 □真空吸盘释放/吸住真空度功能检测				
7.5	管片拼装机报警功能(声音、闪光)				
8	螺旋输送机				
8.1	前闸门功能测试				
	a）前闸门开启时间(s)				
	b）前闸门闭合时间(s)				
	c）开关限位				
8.2	螺旋输送机功能测试				
	a）最高转速(r/min)				
	b）后闸门打开时间				
	c）后闸门关闭时间				
	d）后闸门行程检测与校准				

续表A

序号	井下验收项目内容	设计值	实测值	结论	备注
	e）后闸门紧急关闭功能				
	f）螺旋输送机伸缩功能				
	g）螺旋输送机土压传感器				
9	后配套设备及辅助系统				
9.1	管片吊机功能检查				
	a）行走终端有缓震胶和机械限位				
	b）限位开关自动停止功能				
	c）行走速度（m/min）				
	d）提升高度（mm）				
	e）提升/下降速度（m/min）				
	f）起吊能力（t）				
	g）左右吊机行走的同步性及制动性能				
	h）操作人员视野和危险区域检查				
	i）有线/无线控制				
	j）管片吊机告警功能（声音）				
9.2	辅助吊机检查				
	a）泡沫罐吊机在工作区域避免碰撞				
	b）材料吊机在工作区域避免碰撞				
	c）油脂桶吊机在工作区域避免碰撞				
9.3	拖车功能检查				
	a）拖车行走平台和楼梯畅通				
10	带式输送机功能检查				

续表A

序号	井下验收项目内容	设计值	实测值	结论	备注
	a）皮带跑偏功能				
	b）皮带紧急拉线功能				
	c）张紧功能				
	d）带式输送机冲洗功能				
	e）带式输送机刮渣器数量检查（道）				
11	液压系统检查				
11.1	液压泵站检查				
	a）各系统泵比例调节				
	b）各泵压力显示				
	c）各液压泵设定工作压力				
	d）检查液压油箱的液位指示器				
11.2	液压油冷却过滤回路				
	a）过滤器数量（个）				
	b）换热器前方压力显示				
	c）换热器后方压力显示				
	d）换热器前方温度显示				
	e）换热器后方温度显示				
11.3	液压油污染度检测				
12	主驱动润滑系统检查				
	a）注脂控制及次数				
	b）EP 多点泵控制（空、满桶报警）				
	c）EP 维保报警				
	d）主驱动迷宫密封内、外圈前部有油脂溢出				

续表A

序号	井下验收项目内容	设计值	实测值	结论	备注
13	盾尾油脂系统检查				
	a) 泵动作次数				
	b) 注入点压力				
	c) 盾尾油脂压力传感器				
	d) 盾尾密封维保报警				
	e) 空桶报警停泵				
14	油脂集中轮滑系统检查				
	a) 油脂罐(盾体)低限位报警并自动补充				
	b) 油脂桶(拖车)空桶报警停泵				
	c) 注入量监控				
15	水循环系统检查				
	a) 进水管压力显示				
	b) 进水管温度显示				
	c) 冷却器进水口温度显示				
	d) 冷却器出水口温度显示				
	e) 内循环水泵工作压力				
	f) 水箱低液位报警				
	g) 水箱液位显示				
	h) 膨润土系统、泡沫系统、人舱、同步注浆系统用水管路				
16	同步注浆系统检查				
17	泡沫系统检查				
18	膨润土系统检查				
19	压缩空气系统检查				

续表A

序号	井下验收项目内容	设计值	实测值	结论	备注
20	自动保压系统检查				
21	二次通风系统检查				
22	电气系统检查				
22.1	监测和切断				
	a）刀盘转速主控室监测				
	b）电机参数监测（电压、电流、扭矩）				
	c）电机温度监测				
	d）刀盘扭矩监测				
	e）总推力监测				正式始发后
	f）油缸行程监测				
	g）盾体侧滚角度监测				
	h）盾体倾角监测				
	i）齿轮油温度监测				
	j）液压油箱温度监测				
	k）土仓压力监测				
	l）螺旋机转速监测				
	m）螺旋驱动泵驱动压力监测				
	n）螺旋机后闸门行程监测				
	o）螺旋机前后土压监测				
	p）螺旋机前门开/关到位信号监测				
	q）螺旋机伸/缩到位信号监测				
	r）推进泵出口压力监测				
	s）油缸压力监测				正式始发后
	t）推进速度监测				

续表A

序号	井下验收项目内容	设计值	实测值	结论	备注
	u）铰接油缸压力监测				
	v）铰接油缸行程监测				
	w）铰接泵出口压力监测				
	x）泡沫流量监测（水，空气，原液，混合液）				
	y）膨润土流量监测				
	z）注浆脉冲次数监测				
	a′ 注浆方量监测				
	b′ 注浆压力监测				
	c′ 带式输送机速度监测				
	d′ 盾尾密封总脉冲次数监测				
	e′ 主驱动内/外密封油脂流量监测				
	f′ 螺旋机密封油脂流量监测				
	g′ 氧气/硫化氢/甲烷/一氧化碳浓度监测				
22.2	各系统监测、堵塞报警信息				
	a）各过滤器堵塞报警				
	b）刀盘电机温度高警告				
	c）变频器故障警告				
	d）刀盘驱动系统通信故障报警				
	e）带式输送机跑偏报警				
	f）冷却水液位低于低限报警				
	g）液压油箱低限报警				
22.3	各系统主要保护逻辑检测				
22.4	本地操作面板				

续表A

序号	井下验收项目内容	设计值	实测值	结论	备注
22.4.1	刀盘维修操作台				
	a）远程/本地操作(钥匙互锁)				
	b）紧急停止有报警信息				
	c）驱动系统就绪指示				
	d）刀盘点动模式(人舱内操作)左转/右转				
22.4.2	螺旋输送机操作面板				
	a）螺旋机液压泵启动/停止				
	b）远程/本地操作				
	c）紧急停止有报警信息				
	d）后闸门开/关				
	e）前闸门开/关				
	f）螺旋机伸缩				
	g）螺旋机正/反转				
22.4.3	同步注浆泵/搅拌机操作面板				
	a）注浆液压泵启动/停止				
	b）紧急停止有报警信息				
	c）手动模式/半自动模式/自动模式				
	d）注浆泵启动/停止				
	e）注浆脉冲次数/方量显示				
	f）注浆泵速度调整				
	g）正泵/反泵操作				
22.4.4	带式输送机操作面板				
	a）带式输送机启动/停止				

续表A

序号	井下验收项目内容	设计值	实测值	结论	备注
	b）紧急停止有报警信息				
	c）远程/本地操作				
22.4.5	设备急停检测				
23	安防系统				
23.1	气体检测功能				
23.2	灭火器				
23.3	视频监控				
23.4	通讯与照明系统				

本标准用词说明

1　为便于在执行本标准条文时区别对待，对要求严格程度不同的用词说明如下：

1）表示很严格，非这样做不可的用词：

正面词采用“必须”；

反面词采用“严禁”。

2）表示严格，在正常情况下均应这样做的用词：

正面词采用“应”；

反面词采用“不应”或“不得”。

3）表示允许稍有选择，在条件许可时首先应这样做的用词：

正面词采用“宜”；

反面词采用“不宜”。

4）表示有选择，在一定条件下可以这样做的用词，采用“可”。

2　本标准中指明应按其他有关标准、规范执行的写法为“应符合……的规定”或“应按……执行”。

引用标准名录

1 《Φ 5.5 m～Φ 7 m 土压平衡盾构机（软土）》CJ/T 284—2008

2 《压力容器》GB 150.1～GB 150.4

3 《包装储运图示标志》GB/T 191

4 《电力变压器　第 3 部分:绝缘水平、绝缘试验和外绝缘空气间隙》GB/T 1094.3

5 《电力变压器　第 11 部分:干式变压器》GB/T 1094.11

6 《低合金高强度结构钢》GB/T 1591

7 《安全色》GB 2893—2008

8 《安全标志及其使用导则》GB 2894

9 《防锈包装》GB/T 4879

10 《起重机械安全规程　第 1 部分:总则》GB 6067.1

11 《运输包装收发货标志》GB 6388

12 《激光产品的安全　第 1 部分:设备分类、要求》GB 7247.1—2012

13 《机械安全　防护装置　固定式和活动式防护装置的设计与制造一般要求》GB/T 8196

14 《焊缝无损检测　超声检测　技术、检测等级和评定》GB/T 11345

15 《工业过程测量和控制用检测仪表和显示仪表精确度等级》GB/T 13283

16 《机电产品包装通用技术条件》GB/T 13384

17 《液压传动　油液固体颗粒污染等级代号》GB/T 14039

18 《机械安全　进入机械的固定设施　第 2 部分:工作平

台和通道》GB/T 17888.2—2020

19 《机械安全　防止意外启动》GB/T 19670

20 《焊缝无损检测　超声检测　验收等级》GB/T 29712

21 《全断面隧道掘进机　盾构机安全要求》GB/T 34650—2017

22 《全断面隧道掘进机　土压平衡盾构机》GB/T 34651

23 《钢结构设计标准》GB 50017

24 《电气装置安装工程　接地装置施工及验收规范》GB 50169

25 《钢结构工程施工质量验收规范》GB 50205

26 《建筑施工高处作业安全技术规范》JGJ 80

27 《承压设备无损检测　第 3 部分：超声检测》NB/T 47013.3

上海市工程建设规范

地铁隧道土压平衡盾构机应用技术标准

DG/TJ 08—2063—2021

J 11526—2021

条 文 说 明

2021　上海

目 次

Contents

3 盾构机的设计原则和要求

3.1 一般规定

3.1.1 盾构机总体设计应符合下列规定：

1 盾构机在隧道掘进时所遇到的各种条件是动态变化的，其断面形状与尺寸取决于隧道的断面形状与尺寸，其类型和性能要满足本市工程地质与水文地质条件、工程条件、环境条件等使用条件。为了盾构机有较长的使用寿命，盾构机设计时应根据使用寿命内预计的常用使用条件或最不利使用条件选择，以便盾构机具有较广泛的适应性。因此必须根据这些条件设计盾构机的结构强度和刚度。

地质条件包括：土质情况、地层情况。

水文条件包括：开挖面土层（特别是砂土层）的地下水情况（如透水层，透镜体，承压水等情况）。

工程条件：包括隧道总长、隧道长度、隧道线路、盾构机最大埋深、隧道最大坡度、曲率半径及衬砌等。

环境条件：如地面和地下的构筑物、障碍物、地面交通、地下管线、地面沉降控制要求等。

2 盾构机设计一方面为了更好地适应建设单位当前及今后的工程施工要求，提高施工单位的市场竞争力，选择先进的盾构机，其总体设计时，应全面、整体考虑盾构机系统功能、主要技术参数及布局，还应协调各辅助系统功能，满足施工单位对盾构机整机性能的要求。另一方面在合理使用寿命周期内保持技术先进性，但必须以可靠性为前提，要选择经过工程实践验证、可靠性高的先进技术。

3 所选择的盾构机及其辅助工法用于工程项目施工，在满足施工安全、质量标准、环境保护要求和工期要求的前提下，盾构机总体设计应合理考虑其综合施工成本。

4 为适应现场良好的工作环境和安全工况，并且避免一切“不利事件”，盾构机总体设计时，应有效地识别盾构机在运输、拆装、调试、使用和维护等过程中可能产生的危险和对环境造成的影响，设计应采取相应的对策与措施，控制风险。

3.2 盾构机壳体

3.2.1 盾构机壳体是在外部载荷和运作载荷下必须对内部起保护作用的壳体，因此在结构设计时必须保证其强度和刚度。

3.2.3 焊缝的表面质量应经外观检测合格。所有影响超声检测的锈蚀、飞溅和污物等都应予以清除，其表面粗糙度应符合检测要求。

3.2.5 前盾的长度与平衡开挖面土体的效果和出土状态有关。

3.2.8 安装盾尾密封是为了防止地下水和同步注浆的浆液渗入盾构机内，因此盾尾密封必须能够承受水土压力及注浆压力。为了提高盾尾密封的止水性和使用寿命，应在盾尾密封间充填密封油脂，并保持相应的压力。

3.3 刀盘与刀盘驱动装置

3.3.2 刀盘的形式分为面板式和辐条式。在选择刀盘的形式时除应考虑地质情况外，还应充分考虑盾构机形式、刀盘支承方式、最大工作扭矩、刀盘开口率、刀具、装备推力以及它们的组合方式。根据上海地质条件和工程实践经验，地铁隧道土压平衡盾构机刀盘形式宜选用面板式。

刀盘支承方式分为：中心支承方式、中间支承方式、外周支承方式。

3.3.5 刮刀的形状应按适合土质的原则选择，应注意前角和后角，如图1所示。

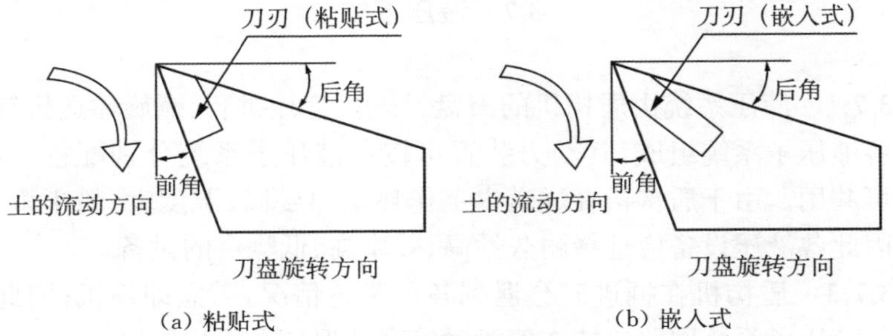

图1　刮刀的形状

3.4　推进系统

3.4.1 推进阻力由下列阻力组成：

1 盾构机壳体和土体之间的摩擦阻力或粘附阻力。

2 盾构机的正面阻力。

3 管片和盾尾密封之间的摩擦阻力。

4 盾构机前盾刃口的切入阻力。

5 由于曲线施工、纠偏、变向等产生的变向阻力。

6 牵引后配套拖车的前进阻力。

7 由切削刀盘引起的轴向阻力。

盾构机装备推力为上述阻力之和并乘以安全系数(考虑装备余量，一般 $K=2$)。

3.4.2 推进速度和压力平衡有关，在掘进中应与出土速度相匹配。

3.6　螺旋输送机

3.6.1 为了防止在失电情况下泥水倒灌入盾构机内，螺旋输送机应设有紧急关闸装置,可设有蓄能器作为紧急关闭闸门的动力源。

3.7 液压系统

3.7.1 液压系统由盾构机的刀盘、推进、管片拼装、螺旋输送机等各液压子系统组成,其动力装置可按各液压子系统分别配备,也可共用。由于盾构机在隧道内工作环境温度高、湿度大、粉尘多,因此各液压设备应选择耐久性高、效率高、低噪声的设备。

3.7.3 盾构机在掘进时会遇到各种紧急情况,需立即停机,因此各液压子系统回路应能在停机时安全地保持在停机位置。

3.8 电气及控制系统

3.8.1 检测系统

盾构机各分系统的检测内容及可选用的检测元件,详见表1。

表1 检测元件表

检测部位	检测内容	可选择的开关量检测元件	可选择的模拟量检测元件
刀盘及刀盘驱动	正面土压		压力传感器
	刀盘转速	①编码器②接近开关③限位开关	变频器
螺旋输送机	土压		压力传感器
	转速	①编码器②接近开关	
皮带运输机	转速	①编码器②接近开关	
液压系统	推进行程		行程传感器
	油压	压力开关	压力传感器
	油温	温度开关	温度传感器
	油位	①液位开关②接近开关	液位计
电力系统	总电压		带模拟输出的电压表
	总电流		电流互感器

续表1

检测部位	检测内容	可选择的开关量检测元件	可选择的模拟量检测元件
辅助系统	温度	温度继电器	温度传感器
	压力	压力开关	压力传感器
	流量	流量开关	流量计
	液位	液位开关	液位计
	位置	①接近开关②限位开关	
铰接系统	行程		行程传感器
	位置	①接近开关②限位开关	

3.9 辅助系统

3.9.4 同步注浆的主要设备包括材料贮藏设备、计量设备、拌浆设备、贮液槽、注浆泵、注入管、注入控制装置、记录装置等。不同的注入方式其设备构成不同，应根据盾构机的直径、施工长度、注入浆液、注入时期等多种因素决定。

3.9.6 除了人舱外有专人对人舱的变压进行操作外，人舱内的作业人员也可以对舱内的加、减压进行操作，且必须配有多个压力表及时显示相应部位的实际压力，以确保作业人员的安全。人舱内外舱和内舱可设有座位，都必须配置通信、讯号和照明设施。

4 盾构机的包装和运输

4.2 运 输

4.2.2 盾构机部件运输应遵守《中华人民共和国公路法》《中华人民共和国道路交通安全法实施条例》《超限运输车辆行驶公路管理规定》等运输相关法律法规的规定，大件货物属于超限运输的，运输单位应按规定向道路管理机构申请办理“超限运输车辆通行证”，按照核定的路线行车，在市区运送大件货物时，要经公安机关和市政工程部门审查并发给准运证，方可运送，严格依法运输，保障安全。

5 盾构机进场安装

5.1 吊装前的工作

5.1.1 盾构机部件吊装须由有资质的专业单位承担，提前勘察作业现场，了解吊装作业空间范围等吊装条件，并编制吊装安全专项施工方案。盾构吊装安全专项施工方案，必须补充关于吊装安全的相关计算要求的资料，如现场吊装作业平面图、主副吊索具配备及针对盾构主要大件的吊机工况分析(注：明确各主要部件吊装时的吊机主臂长度、作业半径、额定起重量、起吊总负载，验证主钩和副钩负荷率是否符合单机或双机抬吊安全规范)，获批后才可实施。起重吊装按住房和城乡建设部《危险性较大的分部分项工程安全管理办法》的专家论证要求，需组织专家论证会，盾构吊装安全专项施工方案获批后方可实施。

5.1.2 地基承载力为地基土单位面积上随荷载增加所发挥的承载潜力，是评价地基强度和稳定的综合性用词。现场大型盾构机部件运输和吊装时，其对地面产生的单位面积压力不得超过所在作业区域土体的实际承载力，以防止地面塌陷，亦可采取措施对作业区域土体进行加固，以提高地基承载力满足部件吊运要求。吊运前由专业单位对涉及区域地基进行承载力检测，满足要求后才能实施运输和吊装作业，保障施工安全。

6 盾构机井下调试和验收

6.1 井下调试

6.1.2 负载调试的主要目的是检查各种管线及密封设备的负载能力,使盾构机的各个工作系统和辅助系统达到满足正常生产要求的工作状态。通常,试掘进时间即为对设备负载调试时间,负载调试时将采取严格的技术和管理措施保证工程安全、工程质量和隧道线型。

7　盾构机使用、维护和保养

7.1　操作和使用要求

7.1.4　运行控制操作应符合下列规定：

6　盾构机的运行操作

3）推进方向调节的一般原则是：使盾构机的掘进方向趋向隧道的理论中心线方向。为了保证盾构机的铰接密封、盾尾密封工作良好，同时也为了保证隧道管片不受破坏，盾构机在调向的过程中不宜有较大的变化趋势。

7）渣土改良系统操作的各种条件都比较理想时可采用自动模式，否则就要采用半自动或手动模式。根据实际情况，一般采用半自动或手动模式。此时盾构机司机根据盾构机综合参数如刀盘扭矩、土舱压力及出渣情况等，依据个人的经验对混合液或空气的流量进行手动调节。当掘进结束时按停止按钮停止泡沫系统。